Ulrich Schaffer

...weil du einmalig bist

Verlag Ernst Kaufmann

Den Weg,
den du vor dir hast,
kennt keiner.
Nie ist ihn einer so gegangen,
wie du ihn gehen wirst.
Es ist dein Weg.
Unauswechselbar.
Du kannst dir Rat holen,
aber entscheiden musst du.

Hör auf die Stimme
deines inneren Lehrers.
Gott hat dich nicht allein gelassen.
Er redet in deinen Gedanken zu dir.
Vertraue ihm und dir.

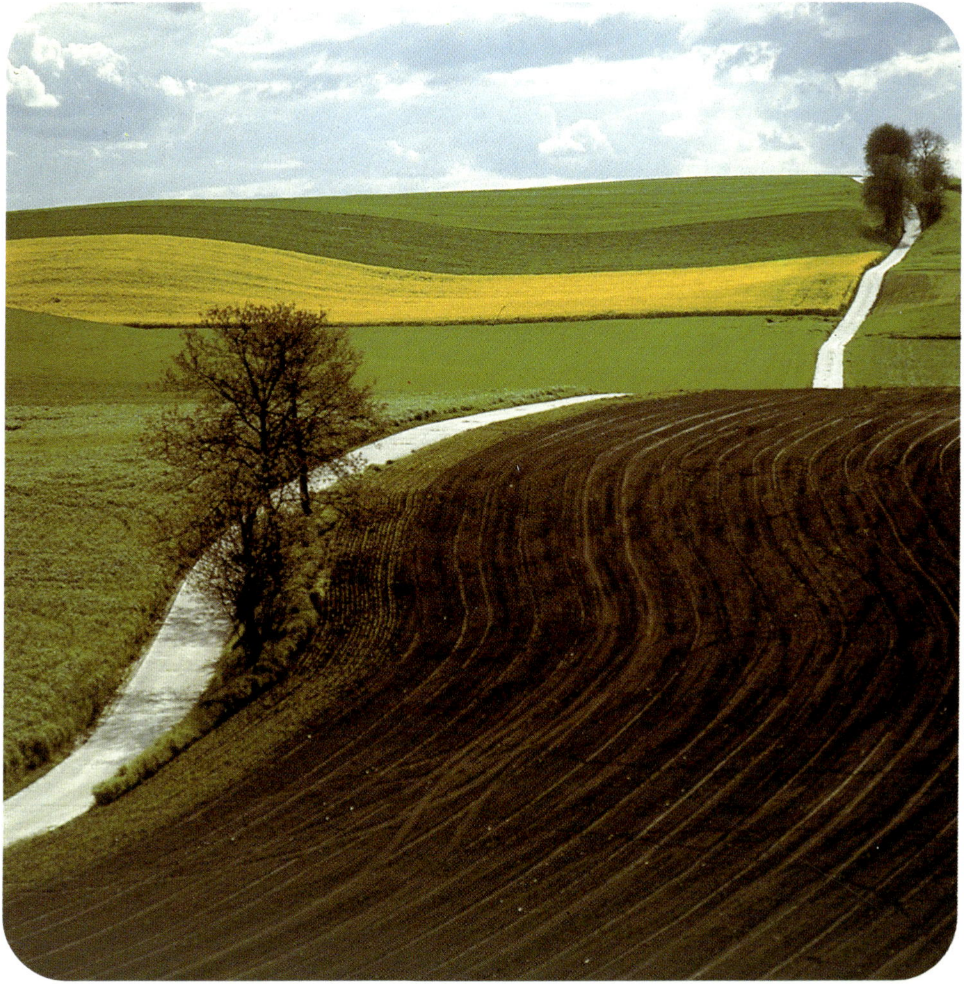

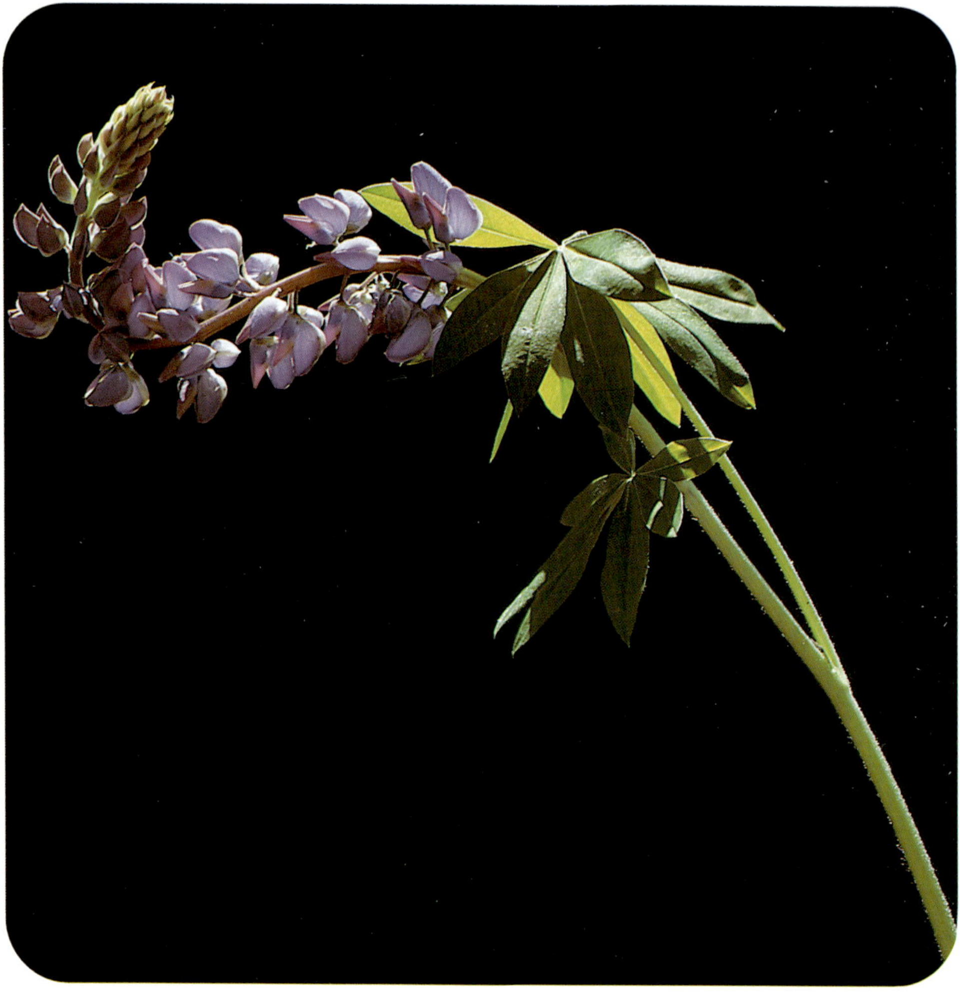

Nimm dich an.
Sei du die, die du bist.
Sei du der, der du bist.
Erst dann fängst du an, zu werden,
was du sein möchtest.

Versteh deine Schwächen,
erst dann kannst du mit ihnen arbeiten
und sie zu Stärken verwandeln.
Setz deine Stärken so ein,
dass du noch zerbrechlich bleibst,
und niemand unnötig abschreckst.
Achte auf deine Unsicherheiten,
sie öffnen dir Wege in neues Land.

Glaub,
dass du einen Beitrag zu geben hast.
Du wirst wahrscheinlich
den Kurs der Welt nicht verändern,
kein Held auf internationaler Szene sein.
Aber da, wo du bist,
wirst du als du gebraucht.

Es entsteht ein Loch,
wenn du weg bist.
Aber du musst es glauben
und dich auch so bewegen:
Nur wenn du du bist,
leistest du einen wichtigen Beitrag.

Wenn du Rollen spielst
und tust, was alle tun
oder was man von dir verlangt,
dann fehlt niemand,
wenn du weg bist,
weil ein anderer die Rolle übernimmt.

Du bist mehr als deine Rolle.
Wer bist du?

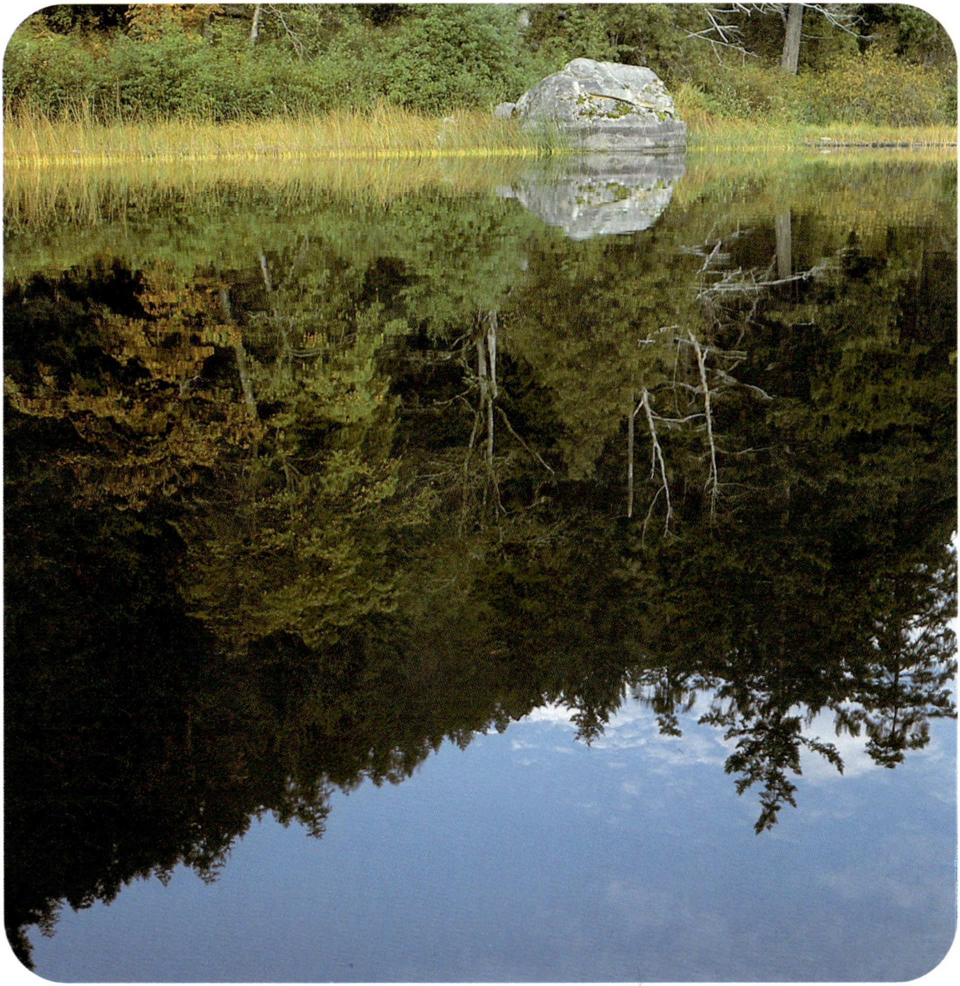

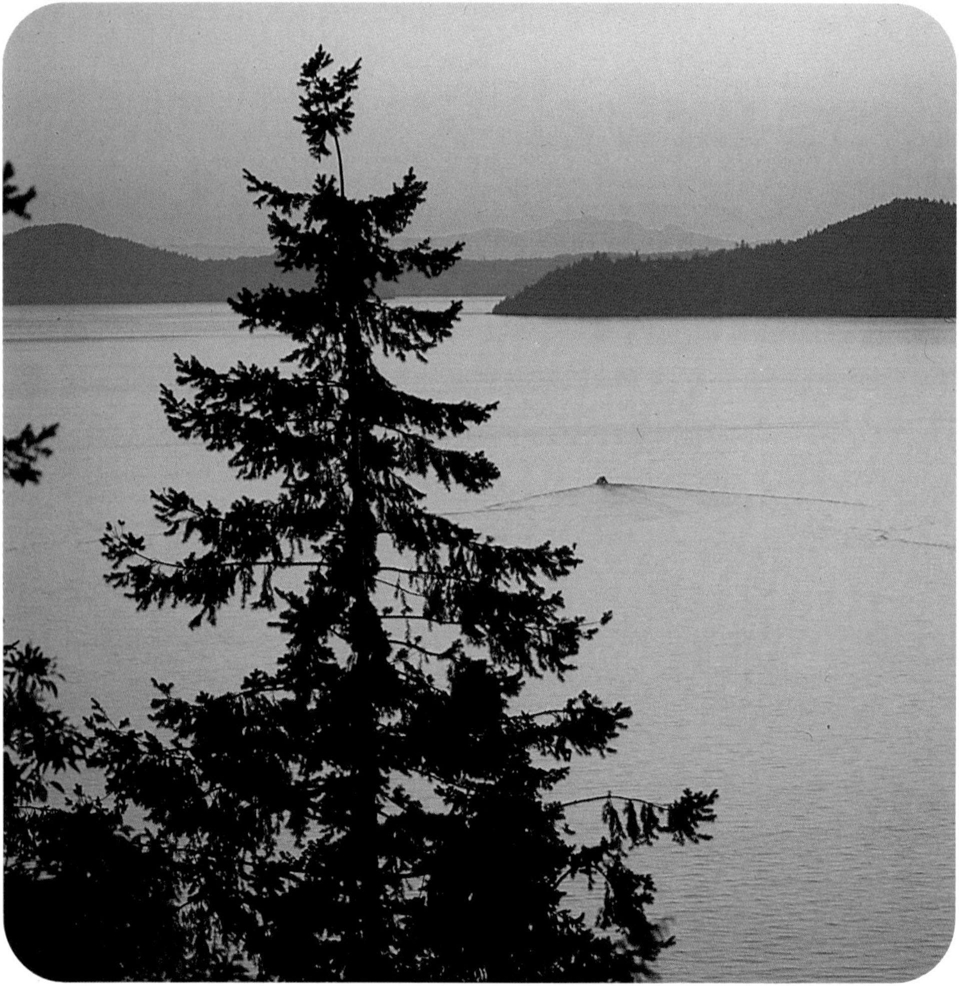

Was du erlebt hast,
hat dich geprägt
und dir deine unauswechselbare Sicht gegeben.

Die Entscheidungen,
die du getroffen hast,
haben dir Wege geöffnet
und dafür andere verschlossen.
Die offenen Türen sind nur für dich.
Nur deine Unentschiedenheit wird sie schließen.

Deinen Beitrag zur Welt wird keiner leisten,
weil niemand die Welt so sieht
wie du.

Niemand hat deine Fingerabdrücke.
Niemand hat deine Stimme.
Niemand sagt so „ich liebe dich" wie du.
Niemand glaubt wie du.
Niemand denkt so ans Sterben wie du.
Niemand hat deine Geschichte.
Niemand spürt die gleiche Trauer,
das gleiche Glück
wie du.

Niemand ist wie du.
Niemand in deinem Land,
auf deinem Kontinent,
auf dem dritten Planeten dieses Sonnensystems,
in der Galaxie,
die wir die Milchstraße nennen.
Niemand,
weil du einmalig bist.

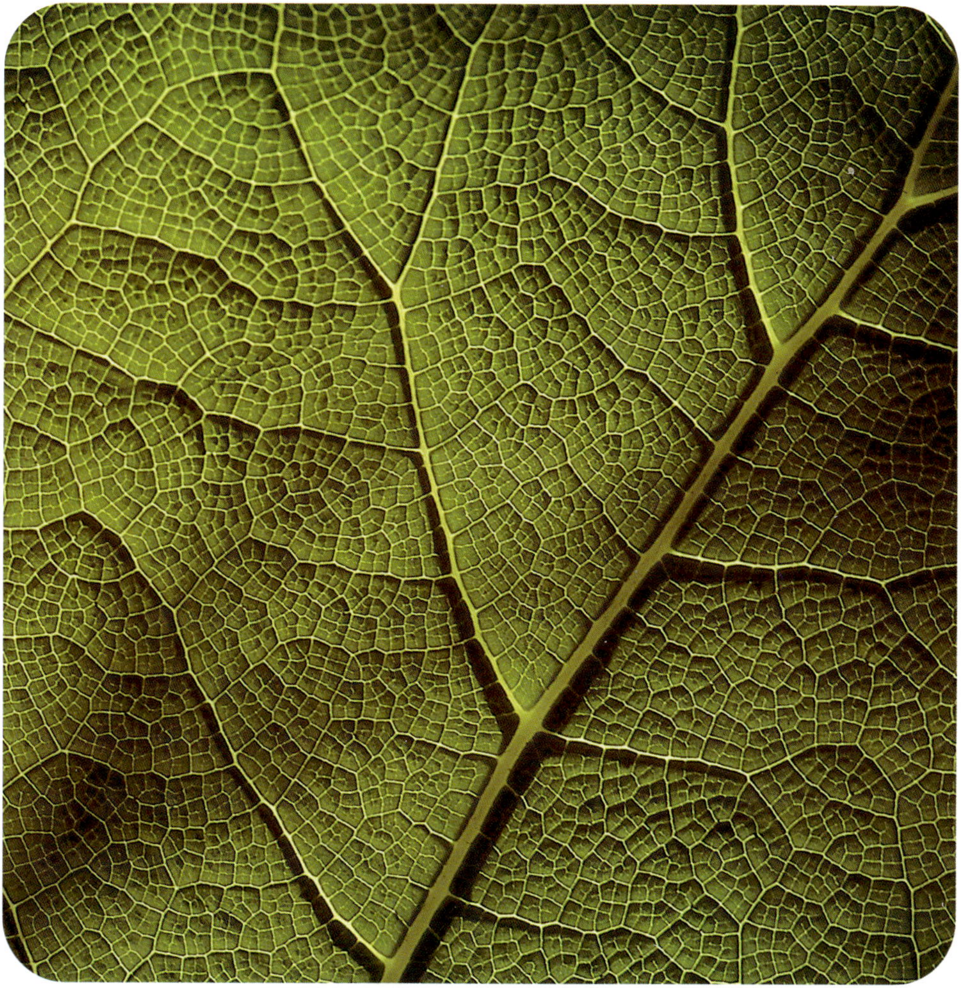

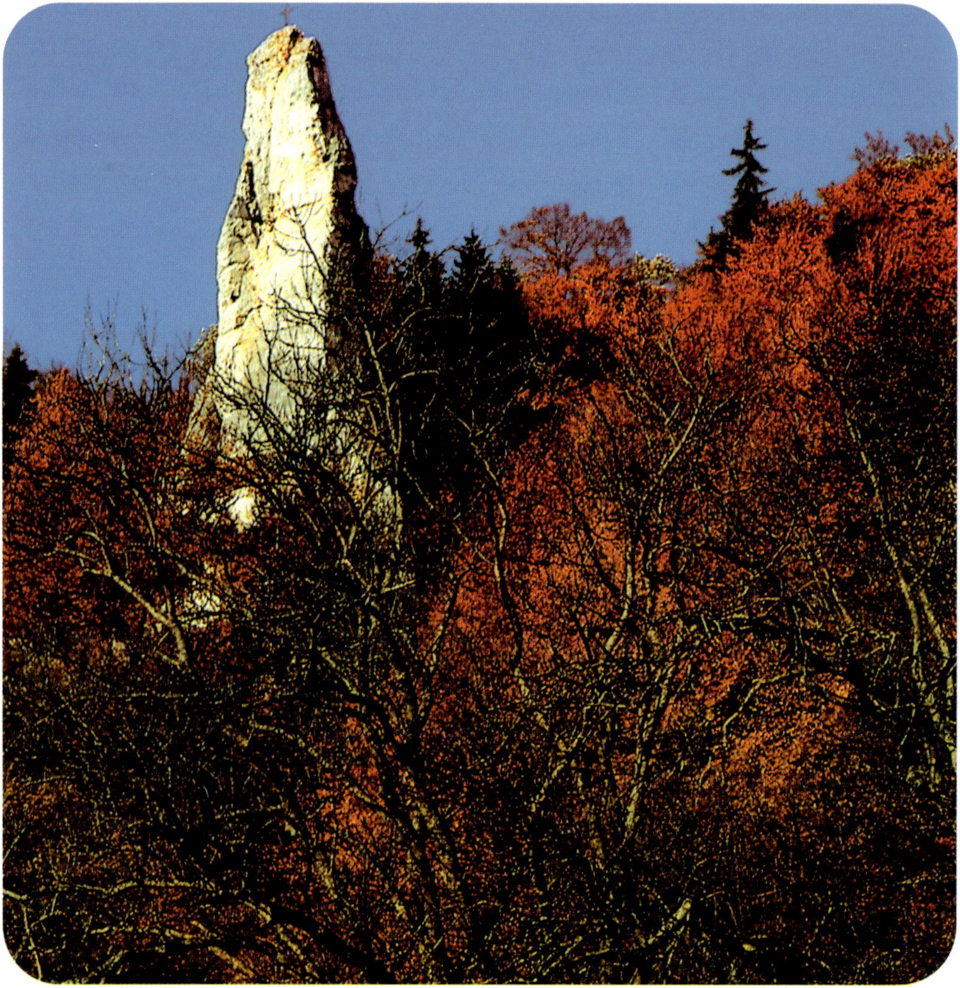

Einmalig ist auch dein Wille.
Du kannst etwas wollen. Du sagst Ja!
Du willst etwas nicht. Du sagst Nein!
Das macht dich frei,
weil der Mensch frei ist,
der sich nicht von andern leben lässt.

Dein Wille macht dich reich.
Er ist der Schlüssel zum Leben,
den Gott in dich hineingelegt hat.
Mit ihm schließt du auf,
was auf dich wartet.
Du nimmst dein Leben in die Hand
und trägst die Verantwortung.

Gott fragt zurückhaltend: Was willst du?
und zwingt dir seinen Willen nicht auf.

Du meintest dich zu kennen,
deine Haltungen und Träume.
Du warst bei dir zu Hause
und fühltest dich wohl.

Jetzt bricht etwas Neues in dir auf.
Du bist überrascht und verunsichert.
Dein Horizont wird weiter.
Ahnungen suchen dich heim.
Du kannst dich nicht mehr
an der Person festhalten,
die du einmal warst.

Weil du unterwegs bist,
gehört auch deine Veränderung zu dir.
Auch sie ist einmalig.
Du bist auch, was du wirst.

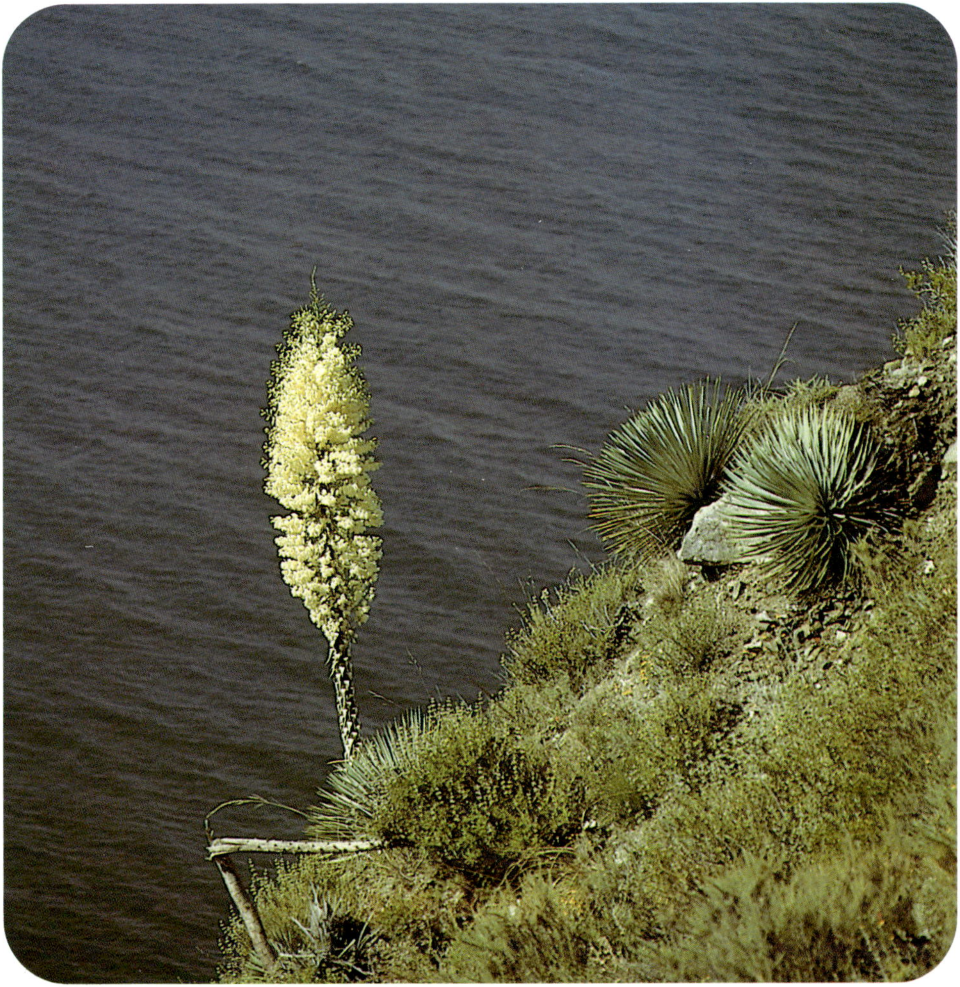

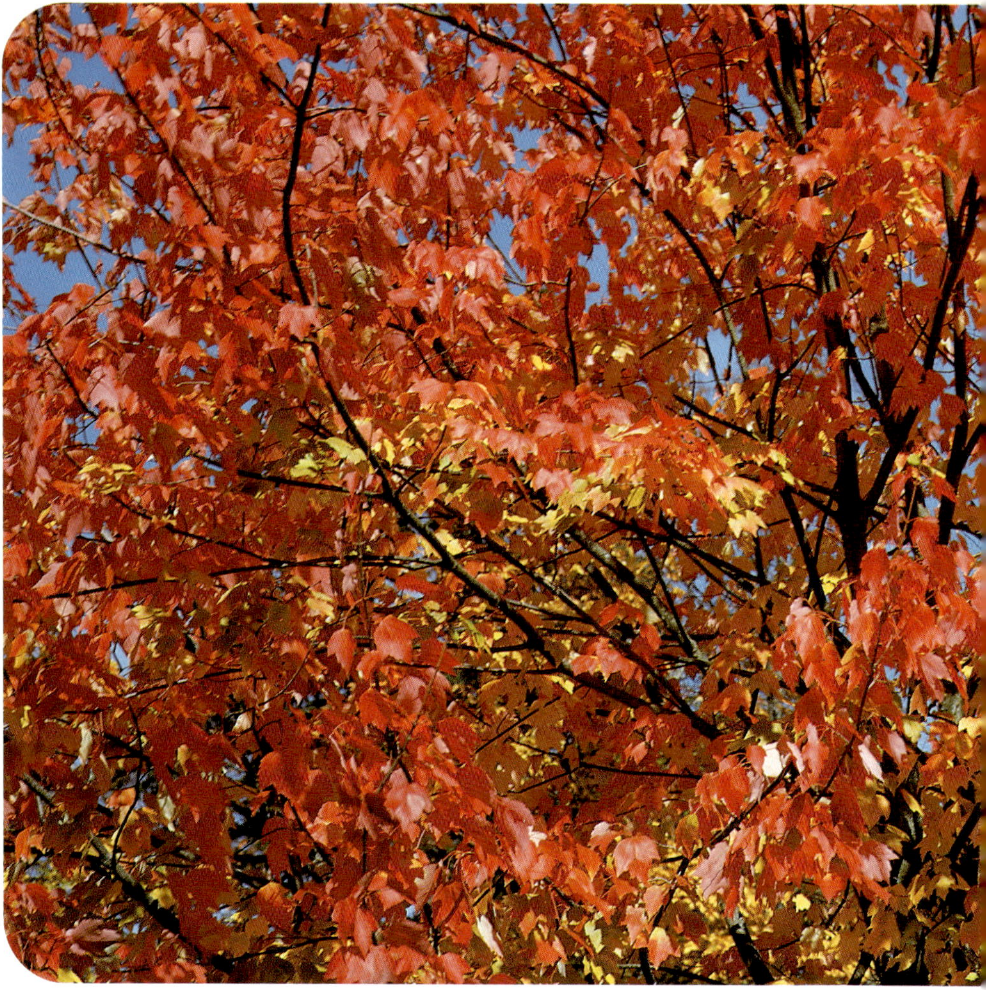

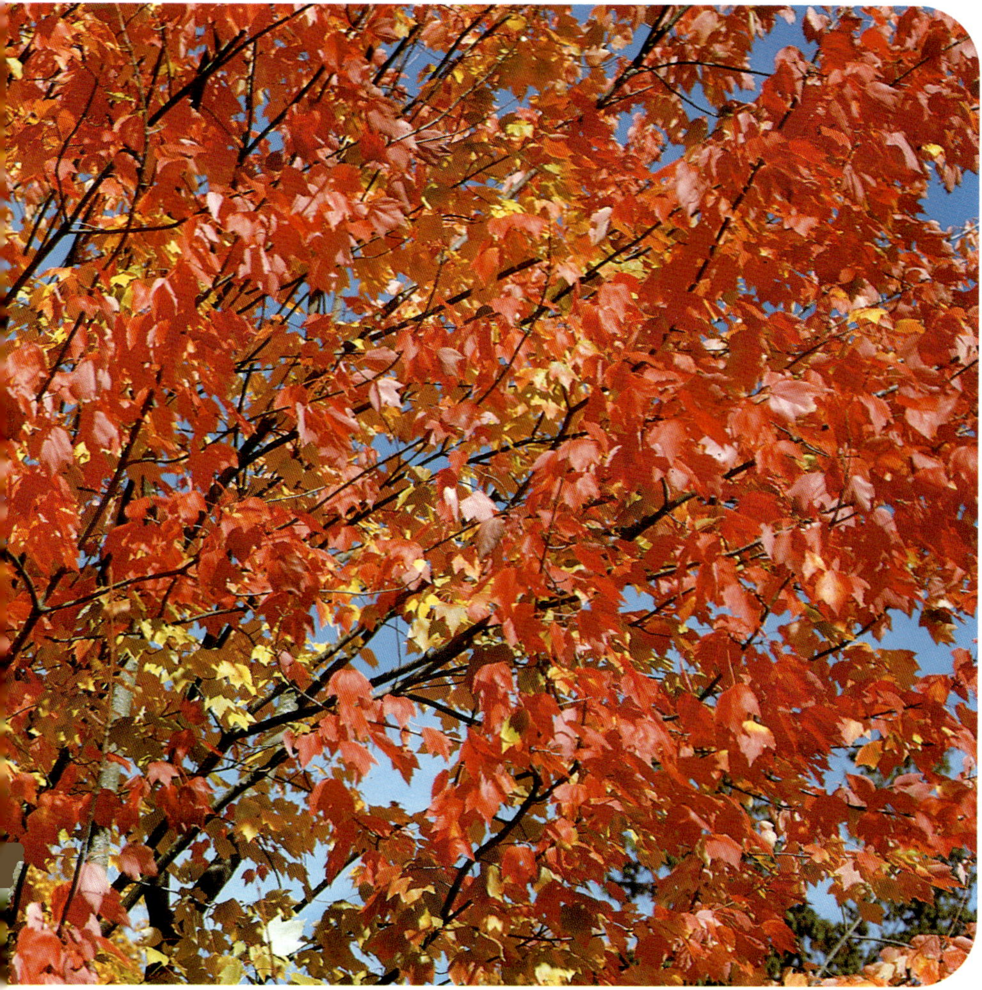

Manche wenden sich ab von dir,
weil du dich nicht nach dem „man sollte"
und „jeder tut das" bewegst.
Du bist dir treu
und verlierst dadurch die,
die dich nur so lange annahmen,
wie du ihnen angenehm und passend warst.

Sie wollten nicht die Herausforderung
deiner inneren Stärke,
nicht die Verunsicherung,
die mit deiner Offenheit und Direktheit kam.
Sie wollten dich profillos.
Sie wollten dich grau und berechenbar.

Sie wollen Ruhe über alles
und darum müssen sie dich
links liegen lassen,
um sich selbst
in ihre Dumpfheit zu retten.

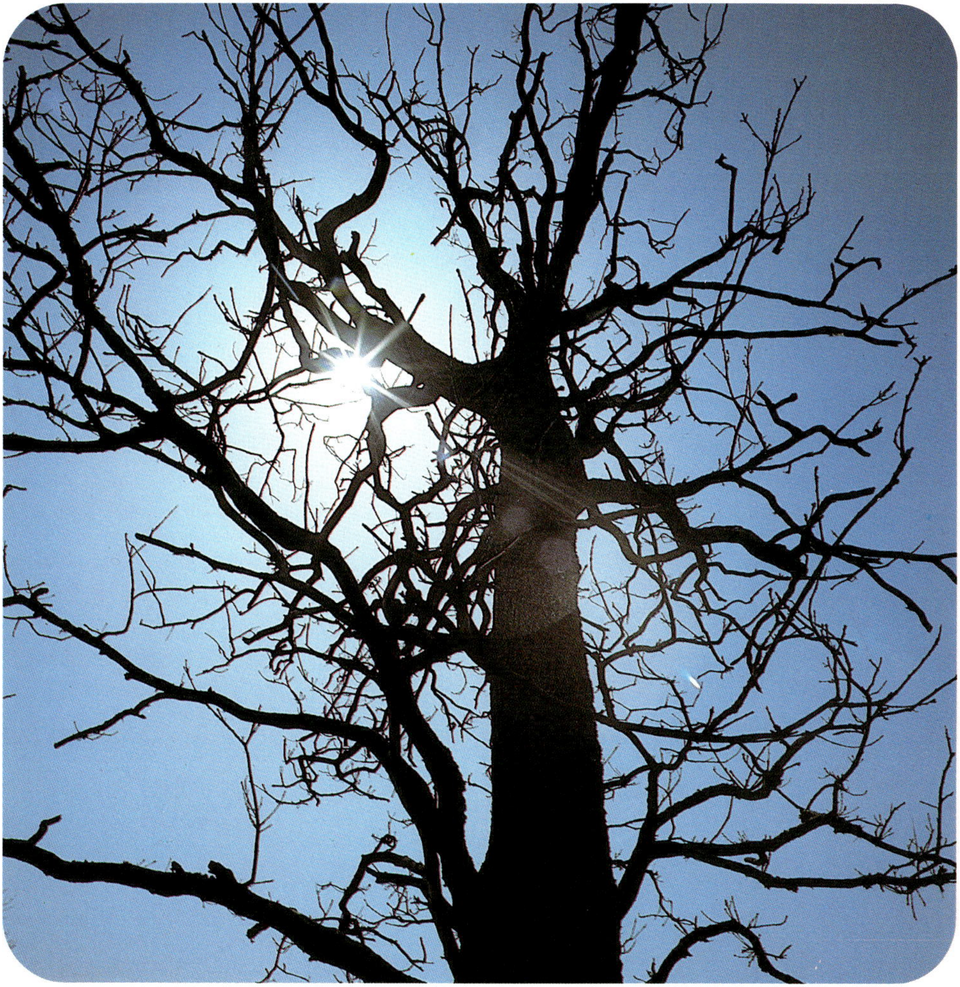

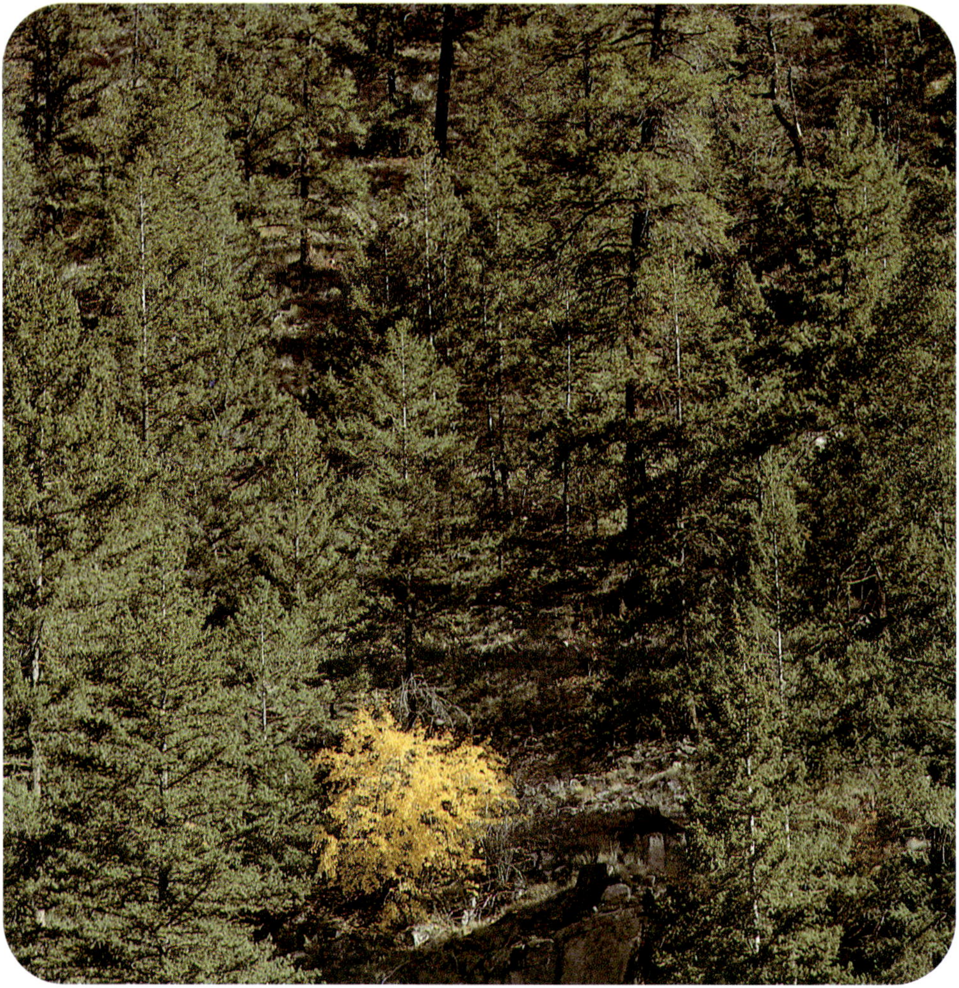

Gott wendet sich dem Einzelnen zu.
Er bewegt nicht die Massen,
sondern zielt auf dein Herz
in der Masse.

Er hat deinen Namen auf den Lippen.
Spürst du es in deinem Herzen?
Wenn er dich anspricht,
öffnen sich Wege.
Aber gehen musst du sie selbst.
Er geht sie nicht für dich.
Darum hat er dich mit einem Willen begabt.
Doch nur wenn du ihn einsetzt,
wirst du weiterfinden.

Er ist für dich
in deinem Wunsch nach Leben.
Er selbst ist das Leben.
Wenn du wirkliches Leben wünschst,
wünschst du damit Gott.

Einmalig zu sein
bringt auch Einsamsein mit sich.
Du spürst, dass niemand dich versteht.
Du sinkst auf den Grund in dir
wie ein Kiesel im kalten Bach.
Das ist der Preis.

Doch im Einsamsein wirst du reicher.
In den Stunden allein mit dir selbst
entdeckst du, wer du bist.
In den Schmerzen wirst du fester.
Das ist der Kampf.

Oder willst du lieber so tun,
als wärst du der Freund aller,
und dabei die Freundschaft
mit dir selbst verlieren?
Sei dir treu.

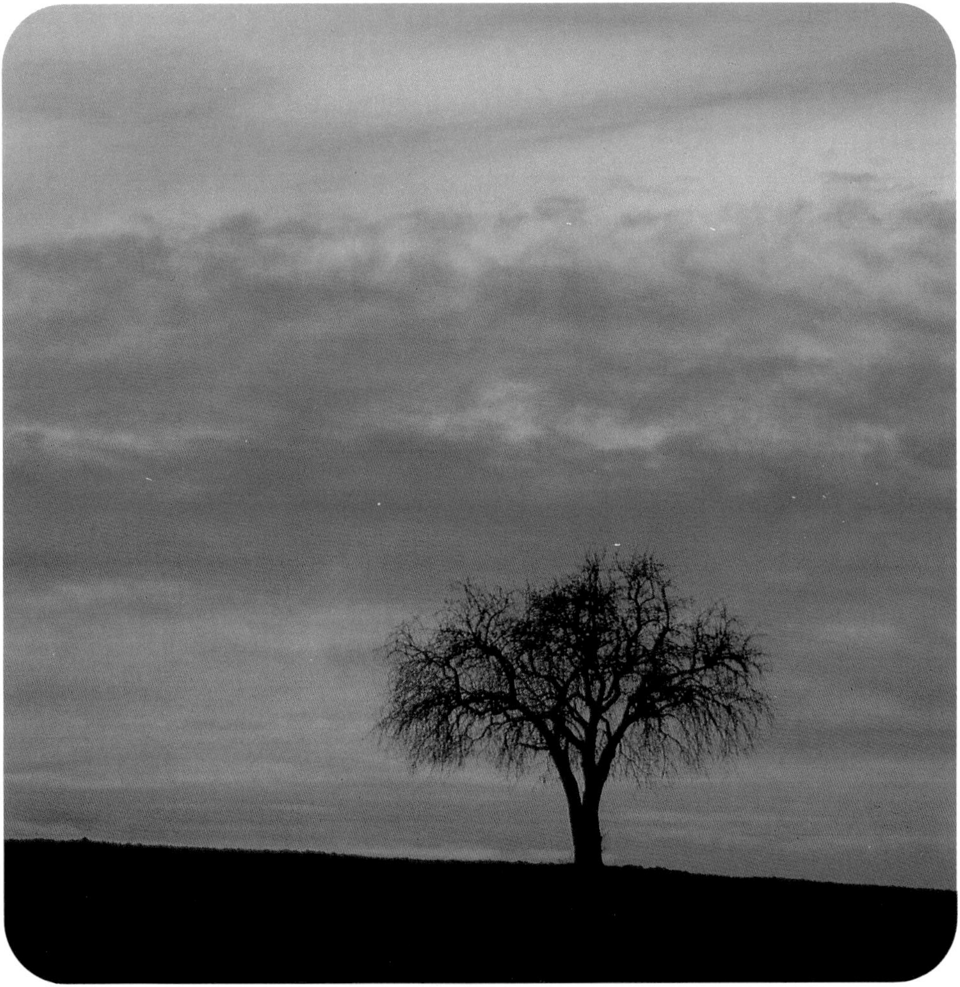

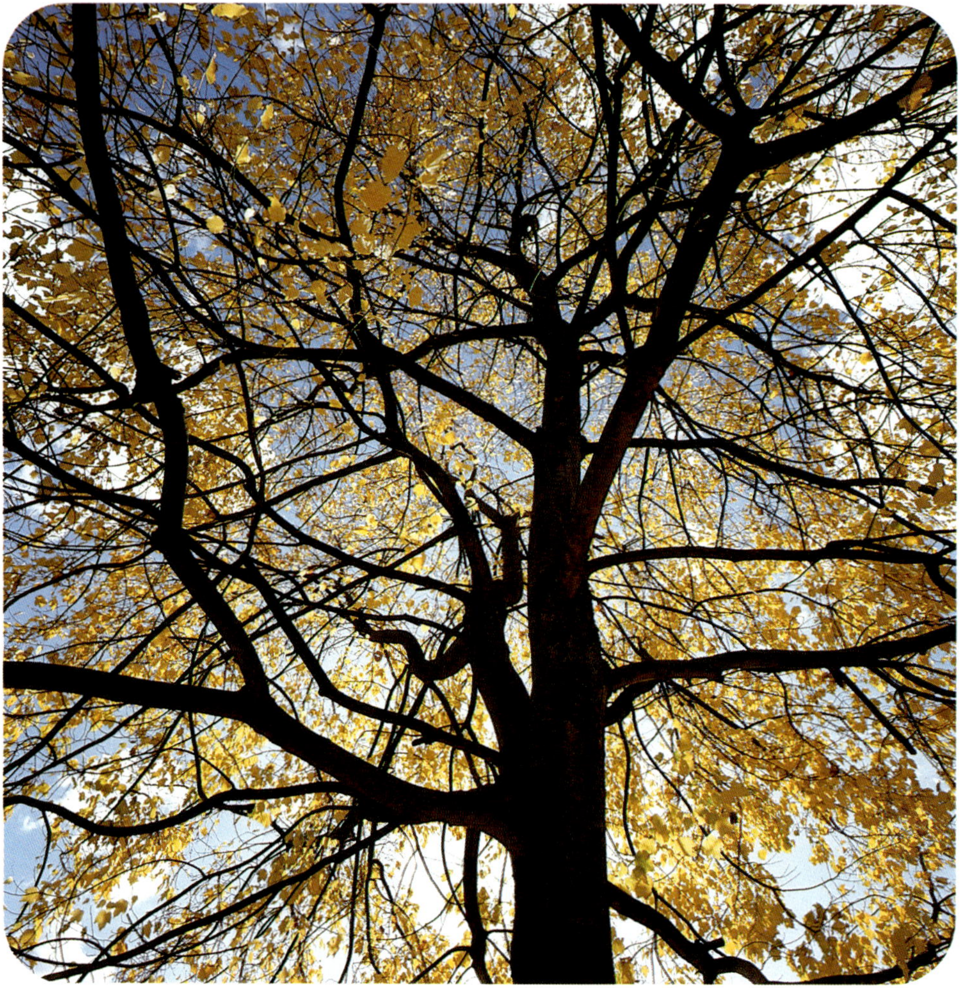

Und vergiss nicht zu träumen,
dir eine Welt vorzustellen,
in der die Liebe mehr Platz hat,
in der die Hoffnung nicht aufhört
und der Friede die ganz tiefe Sehnsucht
aller Menschen ist.

Dass du träumen kannst,
ist eine Gabe.
Deine Energie wartet darauf,
vor deine Träume gespannt zu werden.
Setz dich ein für das,
was du glaubst.

So wie du deine Nachtträume bist,
so bist du auch deine Wachträume.
Niemand träumt wie du
und niemand verwirklicht deine Träume
so wie du.

Der Druck nimmt zu.
Man will, dass du dich einordnest,
dich anpasst und mit der Masse sprichst:
„Ich bin einer von euch
und habe keine eigene Identität."

Du weigerst dich
und der Druck wächst weiter.
Der Preis steigt.
Du sollst eine Nummer sein,
eine verfügbare Statistik.

Hältst du durch?
Glaubst du an deine Einmaligkeit
und gehst du dem nach,
was du in dir als richtig empfindest?
Hast du die Energie, dich zu behaupten,
ohne dabei andere selbst zu erdrücken?

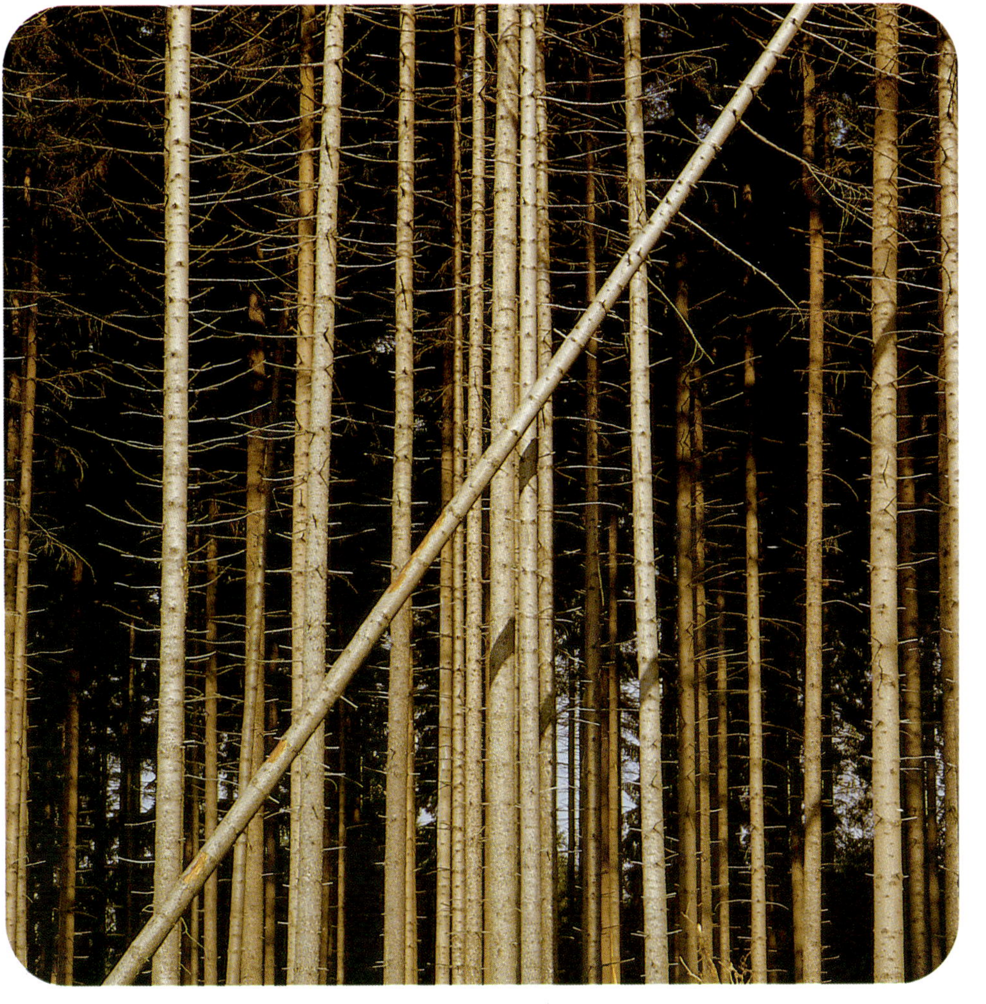

Auch deine Schmerzen und Ängste
sind ganz deine eigenen.
Niemand erlebt sie so wie du.
Doch durch sie wirst du verstehen,
warum andere so leiden.

In deinen Schmerzen und Ängsten
sind Möglichkeiten und Angebote,
die Tiefe des Lebens zu begreifen.
Du lebst nicht allein.
Sprachlos leiden viele um dich
und wünschen sich sehnlichst
die Stimme eines Menschen,
der sich selbst entdeckt hat
und etwas versteht von den Zusammenhängen
zwischen Leiden und Wachsen.

Geh in deine Schmerzen und Ängste.
Wenn du sie verstehst,
bist du andern ein Stück näher.

Wenn du bei dir bist
und dich wohl fühlst,
verträgst du die Eigenart anderer,
ihre so ganz eigene Sicht der Dinge.
Dann hältst du ihre Herausforderung aus.

Aber dann gibt es Tage
an denen du Angst vor dir selbst hast,
vor deinen übermächtigen Gefühlen,
deinen seltsamen Gedanken,
Angst vor der dunklen Zukunft
und der Macht der Vergangenheit.
Dann wirst du unsicher
und weißt nicht recht,
was du glaubst.
Dann leidest du
unter der Entschiedenheit anderer
und willst dich zurücknehmen.

Bleib bei dir,
bei deiner Schönheit und Herbheit,
bei deiner Freiheit und deinen Grenzen.
Nimm dich nicht von uns.
Wir brauchen dich, wie du bist.

Du, sei du – du.

Bibliographische Information Der Deutschen Bibliothek
Die Deutsche Bibliothek verzeichnet diese Publikation in der Deutschen Nationalbibliografie;
detaillierte bibliografische Daten sind im Internet über http://dnb.ddb.de abrufbar.

4. Auflage gebunden 2003 · © 1987 by Verlag Ernst Kaufmann, Lahr
Dieses Buch ist in der vorliegenden Form in Text und Bild urheberrechtlich geschützt.
Jede Verwertung ist ohne Zustimmung des Verlags Ernst Kaufmann unzulässig und strafbar.
Dies gilt insbesondere für Nachdrucke, Vervielfältigungen, Übersetzungen,
Mikroverfilmungen und die Einspeicherung und Verarbeitung in elektronischen Systemen.
Hergestellt bei Proost N.V. Turnhout (Belgium) · Fotos: Ulrich Schaffer
Gestaltung: JAC · ISBN 3-7806-0717-4